JN408920

겨울나무

겨울나무

박 양 희 제3시집

도서출판 천우

시인의 말

장맛도 술맛도 시간이 지나면 깊어지는 것을 시간이 지나도 우둔하고 얇디얇은 심장이다.

그래도 다시 용기를 내어본다.

조지 버나드 쇼는 묘비명을 '우물쭈물하다가 내 이렇게 될 줄 알았어'라고 썼다고 한다.

실행하지 않음은 결국 후회로 남을 것 같다.

나의 글은 어머니와 아버지가 기초한 글이다.

나의 글이 단 하나의 가슴에게라도 울림이 있기를 소망하며 제3집을 내기까지 도와주시고 용기 주신 분들께 감사한 마음을 전한다.

2019년 10월

박 양 희 朴

제1부

기도

● 시인의 말

노상(路上) __ 13
파도 __ 14
소형 트럭 __ 15
기도 __ 16
지하철 명상 __ 17
운명 __ 18
하늘 __ 19
겨울나무 __ 20
나무숲 __ 21
거울 __ 22
개천에서 __ 23
5월 여주 __ 24
하수구 __ 25
고향 __ 26
공원 __ 27
유리컵 __ 28
노목(老木) __ 29
들판 __ 30
노년 __ 31
얼음 __ 32

제2부

짝사랑

처서 __ 35
가을 __ 36
짝사랑 __ 37
양순이 __ 38
산소 __ 39
달과 별 __ 40
진달래 __ 41
눈물 __ 42
구속 __ 43
선배 __ 44
귀가 __ 45
처세술 __ 46
자식 __ 47
오천 원 친구 __ 48
성묘 __ 49
광역버스 정류장 __ 50
성찰 __ 51
전략 __ 52
정월대보름 __ 53
모기 __ 54
촛불 __ 55
손가락 __ 56

제3부

그러니까

냉장고 _ 59
그림자 _ 60
꽃집 _ 61
태양 _ 62
형제 _ 63
소문 _ 64
친구 _ 65
광역버스 _ 66
민들레 _ 67
세 개의 옷걸이 _ 68
그러니까 _ 69
시절 _ 70
고속열차 _ 71
길 _ 72
공허 _ 73
카페 _ 74
신호등 _ 75
운동장 _ 76
살얼음 _ 77
겨울 새벽 농가 _ 78

제4부

회개기도

회개기도 _ 81
지하철 _ 82
습관 _ 83
풀 _ 84
주말농장 _ 85
고목 _ 86
민둥산 _ 87
일기 _ 88
잡념 _ 89
보일러 _ 90
텃밭 _ 91
유년 시절 _ 92
지옥철 _ 93
장화 _ 94
새벽 지하철 _ 95
십자가 _ 96
상처 _ 97
추석 _ 98
파도 _ 99
선배의 기도 _ 100

제5부

민낯

민낯 __ 103
휴일 __ 104
떠난 자로부터의 편지 __ 105
쉬운 하루 __ 106
함양 백운산 __ 107
강원도 __ 108
달팽이 껍데기 __ 109
밤바다 __ 110
새벽 출항 __ 111
학교 __ 112
관계에서의 대피 __ 113
정열에게 __ 114
설악산 __ 115
해탈 __ 116
일몰 __ 117
경강선 __ 118
가을 햇살 __ 119
흔적 __ 120
독거인 __ 121
우둔한 하루 __ 122
제사 __ 123
미혼의 고슴도치 __ 124
노 신부님 __ 125
아이들과 강아지와 나 __ 126
사선 __ 127

제1부

기도

노상(路上)

다가오는 멋진 이를 보고 웃어주지 마라
그 멋진 이의 입
독을 뱉고 다니는 뱀 혀 일 수 있으니

지나가는 추레한 이를 보고 찌푸리지 마라
어설퍼도 세상 큰 기쁨
전하는 천사일 수 있으니

부디 그대
스치는 겉만 보고 시선 고정하지 마라

파도

오지 마오
오지 마오
그리 쉬이 돌아갈 것을 무엇 하러
애써 다가오시오
갔던 길을 돌아오고
왔던 길을 다시 가고
돌아갈 길 돌아올 길
힘든 길
멀리서부터 애써 오지 마오
오늘도 가야 할 길
내일도 와야 할 길

소형 트럭

적당한 높이에서 당신을 내려다보고
적당한 거리에서 당신을 바라보고
적당한 낮이에서 당신을 올려볼 수 있음이
나는 좋습니다

기도

서울 면적에서 몇 제곱미터
전국 면적에서 몇 제곱미터를
가진 저는

하나님이시여
당신에게 나의 지분은 얼마입니까

지하철 명상

게임용 스마트폰은
배터리 없어 켜지지도 않고
늘 품었던 책은 오늘따라 책상에 두고 왔다
시선 흔들리다 수많은 신발과 눈이 마주쳤다
저 예쁘고 멋진 신발들 속
얼마나 심한 냄새들이 고여있을까
멋지고 깔끔한 무늬 속
감춰있을 냄새가
누군가의 심장 썩는 냄새 같겠다

운명

어머니는 꼭 그리 우셔야 했는지
아버지는 꼭 그리 무서우셔야 했는지
그대는 꼭 그리 차가워야 했는지
나는 꼭 이리 측은해야 했는지
꼭 그래야만 했는지

하늘

검은 구름 한 조각 흰 구름 한 조각
검은 구름 두 조각 또 흰 구름 한 조각
무겁고 무서운 검은 구름들 속 흰 구름 한 조각씩
섞여 있어 그래도 견딜 수 있었다

겨울나무

한여름 풍성하던 잎사귀
하나씩 둘씩 떨어뜨려
자식 먹이고 입히느라
앙상한 가지만 남는다
더 이상 줄 것이 없자
하늘 향해 엎드린다

하늘님 하늘님 내 자식 도와주세요

야윈 무릎 꿇고 앙상한 두 팔
번쩍 들어 기도하신다
어머니

나무숲

숨 턱턱 막히는 한여름
힘들다 품 파고드는
막내에게 피톤치드 뿌려주시다
그래도 칭얼대면
시원한 바람으로 살살 달래주십니다
행여 허기질까 서둘러
달콤한 열매 주십니다
모든 걸 다 주시는 지독한 짝사랑
울컥 서러워 열매 그대로 두고
다시 일어납니다

거울

어미와 떨어진 강아지
사흘 밤낮을 울어
내 가슴 아프게 하고

어머니 여읜 막내
시시때때로 울어 어머니
저승 살이 아프게 하네

개천에서

내 지금 이곳

내 있는 곳
가장 낮은 곳 아님을

내 있는 곳
가장 높은 곳 아님을

이른 아침 개울 맑은 물에
다시 느끼네
누군가 저 위에서 흘려보낸 물
나도 손 한번 담그고 흘려보내 주면
저 밑에서 아이들 또 행복한 물놀이하고 있겠네

이 세상 가장 높은 곳도
이 세상 가장 낮은 곳도
없음을 너로 알게 되었네

5월 여주

엄나무순이 왜 안 보이나
초봄 다 지나도록 기다려도 창가
엄나무는 죽은 듯이 새순 흔적 없어
조석으로 내 원망만 고스란히 받아낸다
아 그러고 보니 지난가을에
가지치기를 했구나
보내놓고 기다렸구나

몰래 밭 한구석에 숨어
혼자 자란 엄나무
예쁜 새순들이 오밀조밀
귀엽게도 피어 있구나
꾸미지 않은 사랑
손대지 않고 가꾸지 않아도 맺히는
자유로운 새순
얼른 맛보아야겠다
사랑마저 억세지기 전에

하수구

가시오가피 새순 따먹다 체포된 쐐기
고춧가루 씻은 물로 물벼락 맞고
따가움 느낄 새도 없이
하수구에 던져진다
무슨 죄가 그리 많기에

고향

고향은 공기도 맛있다
고향은 공기만 마시고 와도 배부르다
대답 없는 부모님
산소만 보고 와도
복잡하고 시끄러웠던 속 목욕한 듯 개운하다
고향은 고향이라는 이름만으로도
안식이다 함양군 백전면

공원

나무에서 떨어진
먼지를 주워 먹는
까마귀를 숨죽이며
노려보는 고양이
공격 개시!
까마귀 날아갔다

유리컵

오늘도 속이 훤히 보이면서 감추고
어제와 다른 색의 음료를 채운다
늘 차 있었다는 듯 자만으로 찰랑인다

언제라도
작은 흠집이라도 보이면
그 이유로 바로 너와 헤어져야겠다

노목(老木)

습기라고는 일 퍼센트도 찾아볼 수 없는
야윈 손을 잡고 왈칵 서러움 터져 나온다
젊은 날 푸른 날 고로쇠 수액 같은 혈액 쥐어짜
땀인 듯 눈물인 듯
자식 먹이고 입히시느라
당신은 가죽만 남으셨다
어머니

들판

하얀 날갯짓 힘이 들면
땅에 내려와 쉬었다 가고

겨울논 벼 그루터기 쓰라리면 일어나
부드러운 갈대숲에 앉아보고
얇고 긴 다리 펴지도 구부리지도 못하고
이 땅 어디에도 쉴 곳 없으면 그때는
다시 하늘로 돌아가라 백로야

노년

어린 새
삶이 무겁다고 울 때면
아프게도 시리게도
깃털 하나씩 뽑아주신다
어머니

덩그러니 남은 몸
깃털 없으면 얼마나
가볍고 편할까

하지만
초가을 잔바람 칼처럼 들어오고
작은 먼지 폐 속
깊숙이 치고 들어온다

깃털 없이 힘겨움만 남아 허덕이다
어느새 다가온 겨울

날지도 못하는
작은 새 되신 내 어머니

얼음

격렬하게 아무하고나 어울린다
밀크커피와도 녹차와도 블랙커피와도
이리저리 흔들리는 너는,
너만을 기다리는 나 알지도 못하고
오늘도 흔들린다

제2부

짝사랑

처서

심한 무더위에 심장마저 흐물흐물 녹아내릴 무렵
그제야 포기를 배운다
미니 선풍기의 거친 호흡을 접고 가만히 숨을 죽이니
잘났다고 쪄대며 씩씩대던 태양도 숨을 고른다
찌르르찌르르 노래하는 귀뚜라미는 피하지 못했다
어느새 다가온 가을바람을, 이기지 못한다

가을

스쳐 지나는 바람에게
잠시만 더 머물러 달라
아픈 허리 숙여 부탁해본다

약속한 바람은
건너편 볏논에도 황금 뿌려주러 가야하고
저 건너 산에도 단풍 주러
가야 한다며 바쁘다 한다

조용히 기다리던 코스모스
저에게도 오라고
바람에게 손짓한다

짝사랑

배운 게 사랑이라
나는 당신을 떠나보낼 것입니다
배운 게 사랑이라
내일도 모레도 후회할 것입니다
배운 게 사랑이라
나는 당신을 기다릴 것입니다
배운 게 사랑이라
나는 오늘도 당신을 생각하는 것밖에 모릅니다

양순이

무지개다리 건너
이 세상
어디에도 없는
너 생각하니
눈물이다

내 있는 곳 어디라도
같이 하던 너
다시 볼 수 없는 너
그 숨결 느낄 수 없어
서러움이다

이제는 진정 어디서도
찾을 수 없는 시간
나의 사랑
이제 편히 쉬거라

산소

그대에게 건네준 이별은 이별이 아닙니다
내가 해 줄 수 있는 단 한 번의 사랑
그대의 자유입니다
혹여 그대 내 생각이 나더라도
쓸쓸함 없게 말없이 쥐여줍니다
차마 건네기 힘든 이별
나에게는 가슴 무너짐이지만
그대에게는 휴식 될 터이니
이대로 그대 두고
천천히 돌아섭니다

달과 별

사연 없는 바람 어디 있겠소
눈물 없는 하늘 어디 있겠소
이 세상 그 세상 한 세상 살다 보면
그대와 나 언젠가는 만나지 않겠소

진달래

봄이아름다워눈물난다는어머니말씀을이해못하고울었죠그때는

어머니가신이봄날눈물나게아름다운꽃이핍니다

눈물

간신히 매달려 있던 꽃잎
나뭇잎 스침에도 새의 날갯짓에도
힘없이 후두둑
떨어져 버린다

바람이 던져주고 간 씨앗 하나
새순 틔운다

구속

원하지 않아도
노력하지 않아도
이미 나는 속해 있다 어딘가에
화내고 도망가고 안달해도 이미 나는
족속이 되어 있었다

선배

세상이 어둡다구요? 별도 달도
창문 밖도 보이지 않는다구요?
방의 불을 끄고 내다 보아요
어두워진 방에서 보면
밖이 환하게 보일 거예요
별님도 달님도

스스로 내려놓으면 그제야
반짝이는 빛으로 다가올 것입니다

귀가

귀신의 시간도
사람의 시간도 아닌
새벽 세 시
어정쩡한 시간
야쿠르트도 편의점 도시락 배달차도
오지 않을 시간
잠들기도 잠 깨기도
어색한 시간

처세술
— 나에게

눈이 와요 빗자루를 주세요
눈이 왜 내릴까
눈이 나를 어떻게 할까
눈이 왜 이리 차가울까
의심하며 신경 쓰느라
눈이 쌓이게 하지 말라
그저 눈을 쓸어내라 해주세요

햇볕이 나오길 기다려도 좋겠다고 해주세요
어설프게 쓸면 더 얼어버리니
그저 따뜻한 햇볕을 기다리는 것도
좋다는 것을 느끼게 해주세요
눈이 오다 제풀에 스러지게요

자식

나무가 더디 자란다고 재촉하지 마오
꽃이 빨리 시든다고 안타까워 마오
아쉬워 마오 그대
그렇게 그렇게 어울리다
나름대로 자리 잡고 살아갈 것을
그래도 나무는 자라고
그래도 꽃은 피는 것을

오천 원 친구

현실이 나를 치고 간 저녁
소주 친구를 만났다
따뜻하게 나를 위로해준다
나의 절망을 거울처럼
적나라하게 보여주었다
그래그래 하며
내 빈 속 훑어내려 준다
나에게 남은 것은
지독한 위궤양과 위염이다
슬픔보다 진한 통증이다

얼마 후 세상이 또 나를 세게 후려친 오후
땅콩 친구를 만났다
하나하나 또각또각 씹으려니
세상 심각함도 세상 절망도 없다
괜찮다 아무 일도 아니다 하며
어느새 고소함으로 나를 안아준다
이렇게 토닥여 주는 친구 있으니
기도가 감사다

나는 다음에도 땅콩 친구를 찾아야겠다

성묘

지난주 내내 따라다니던
우울하고 슬픈 노래가 오늘은
씩씩한 노래로 바뀌어 있습니다
그대를 보고만 와도
세상이 이리 편안해져 버립니다

광역버스 정류장

오래된 자판기에게
추억이 30분 뒤에 올 거라
안내해주는 전광판이
민망해할 것을 염려해서인지
내 정신의 맑음을 걱정해서인지는

알 수 없으나 평온하다
이 자판기 앞에서 누군가와 나누던
따스한 차 한 잔의 기억은
문득문득
온기로 다가온다
예고 없이 추억이 슥 다가온다
탑승해야겠다

성찰
— 뻐꾸기 우는 소리

뻐꾸기 울음 멀리서 밀려오는 아침
문득 한바탕 웃음이 뿌려졌다
뻐꾸기는 노래하고 있을지도 모르는 것을
뻐꾸기 노래 못 알아듣고 울음이라 했구나
뻐꾸기의 몸짓을 슬프다고 단언
할 수는 없는 것을
그러고 보니 내 모든 것이 슬퍼
하늘마저도 슬펐구나

전략

냉장고의 목소리가 커질 즈음
이별을 생각한다
냉장고가 말이
많아질 즈음 진정
헤어지면 어떨까 한다

정월대보름

자다가 눈을 뜨면 창문 밖 달빛이 내 곁에 누워 있다
오늘은 달이 이겼나 보다

모기

물렸다
가려움에 잠을 청할 수 없고
긁지 않고는 견딜 수도 없다
잠을 설치게 하는 무형의 속삭임
나만이 해결할 수 있는 몽환적 고통

불을 켜도
보이지 않는 촉촉한 음성
애간장 녹도록
귓가에 맴돌기만 한다
견디려 해도 견딜 수 없다
참으려 해도 참을 수 없다
손바닥으로 달랠 수 없다
피가 나도록 긁어야 한다 격하게
짝사랑이다

촛불

흔들린다 흔들린다
모두 흔들린다
미련도 꿈도
흔들린다
모두 모두
무도회장이다

손가락

어제는 너 때문이야 라며 칼이 되더니
오늘은 너 뿐이야 라며 사랑을 그린다

제 3 부

그러니까

냉장고

시체들이 보관되어 있다
유통기한 지난 케첩 간장 잼
모두 시체다
방부제 가득한 종이컵도
그 컵에 담겨진 잎사귀도
말라버린 목숨이다
다시 다 죽었다

그림자

말없이 곁을 지켜주는 너에게
가만히 웃음 보내주면
이만큼 다가와 나를 안아준다
우리는 하나가 된다

꽃집

알록달록 전등 속
부모 빚에 팔려 온
이름 모를 그녀도
알록달록 청사초롱
네온사인 안에서 손님 기다린다

태양

한동안 온 마음 바쳐 행복을 나누다 어느새 해가 져 돌아섰지

형제

순간순간이 절망으로 다가옴을, 같은 나무 다른 가지에선 느낄 수가 없다. 유난히 작고 불안한 가지에선, 바람의 숨소리에도 흔들리고 호랑무늬 나비의 스침에도 잎사귀 떤다 튼튼한 가지들은 더 넓게 뻗으려 온전한 나무가 되려, 눈을, 태양을, 소나기를, 모두 모두 가지려 지치지만, 풍성한 잎사귀 하나라도 놓지 않으려 운다. 오늘 밤도 야속한 바람 불안한 가지를 흔들어댄다. 잎사귀 이제 하나밖에 남지 않았는데

소문

빰을 맞았다
흔적도 없고
모양도 없는 바람에게

빰을 맞아 아파해도 나만 아프다
아무도 알지 못한다

친구

너와 보는 구름은 먹구름도 아름답기만 하구나
하나님께서 생각 없이 흩뿌려 놓으신 먼지 같은 우리
하나둘 뭉치며 하늘 관리하는 수문장 소나무 되는구나
서러움 흘릴 곳 없어
가슴으로 울었던 우리
서로 위로하며 이렇게 하늘로 사는구나

광역버스

금요일 저녁 퇴근길
하루를 뜨겁게 보낸 이들의
삶의 내음들이 승차한다
처음 보는 열정과 나란히 앉아
두 시간을 함께해야 하는 여자는
지친 듯 걱정인 듯 부끄러운 듯
창문 밖 먼 하늘 새만 바라본다

민들레

그러지 말아요
그대가 아니어도 내
힘든 일 많답니다
뽑으려 하지 말아요
밟으려 하지 말아요
그대가 아무리 그래도 나의
세상이란 것이 있습니다
하얀 홀씨를 날릴 거예요
나는 어디에서라도

그래도 꽃을 피울 거예요

세 개의 옷걸이
— 옷장

하나는 든든하기만 한 아부지 것
하나는 세상 둘도 없이 좋은 내 어무이 것
하나는 아픈 이름 막내 것
허나, 이젠
주인 잃은 두 개의 옷걸이

그러니까
— 귀(돌아가다), 겨울 장미

자기만의 세계가 없는 사람이 있을까?
누구와도 관계를 맺지 않은 사람이 있을까?
누구에게라도 소중한 의미를 주지 못한 사람이 있을까?
누구라도 무시해서는
누구라도 그리해서는 안 될 것이다
그러니까
어린 저의 겨울은 포근했을 테니

시절

지난 나의 봄은 따뜻했지요
지난 나의 여름은 뜨거웠지요
지난 나의 가을은 풍요로웠지요
지금 나의 계절은….

고속열차

그대와의 봄 그대와의 여름 그대와의 가을 순식간에
다 보내고 덩그러니 남은 앙상한 겨울이 곁에 와 있습니다

길

늘 가던 그 길 돌아오려니
낯설다 이 길
다시 갈 수 있을까 저 길
반복해도 몸에 익지 않은
익숙해도 어색하기만 한 이별 앞에서
매번 어린아이처럼
미성숙한 마음이 다시
지나고 있는 길

공허

쌀쌀한 가을 아침이
쓸쓸한 가을 저녁으로 다가올 즈음
비로소 느꼈다
그대 진정 떠나심을

카페
— 그대 그리고 나

가게 앞 텃밭에 아무것도
심겨져 있지 않음이
여자는 꽤나 신경 쓰였다
토마토도 장미도 심어야지
아까운 땅을 휑하니 두니
아쉬워한다
마치 저 같은 땅을
저 아닌 것처럼
무덤덤하게 바라본다

신호등

빨간불이에요 멈추세요

무시하며 지나는 차

딱 너다

운동장

방학이면 아이들은 운동장을
참새와 비둘기 친구들에게 건네준다
텅 빈 운동장 외롭지 않게
그러면 참새와 비둘기 친구들은
평화롭게 운동장을 날아다닌다
개학을 하면 새들은
아이들에게 운동장을 양보하고
아시아공원 숲으로 가겠지
아이들은 옛날이 아쉽지 않다
아이들은 지금이 행복이다
지나간 일들에 대한 회한도 없다
아이들은 진정 오늘을 즐길 줄 안다
한여름엔 겨울을 기다리고 한겨울엔
또 여름을 후회하는 미련 보이지 않고
여름이면 소나기 맞으며 깔깔대고
겨울이면 흰 눈 뭉치며 웃음소리 퍼뜨린다
아이들과 함께 하는 운동장은
참 행복하겠다

살얼음

고요하기만 한 물에도 날카로운 가시 있어
그 옛날 아낙네들 나그네에게 낙엽 띄워 물 건네듯
그대, 물 한 모금도 선비처럼 천천히 마시기를

사랑에도 가시가 있어
한 모금 제대로 삼키지 못하고 목에 걸린
외로움만이 호시탐탐 가슴을 치고 들어오는
늦가을 밤

겨울 새벽 농가

작은 방
더 작은 창문 사이로
밖을 내다보니 마른하늘
하얀 구름이 흘러가다
밤나무에 살짝 흘려준다
조금 집어먹어 보고 싶다

제4부

회개기도

회개기도

내 그대를 안다는 것은 어설프게 아는 것이 아니다
그대의 웃음 아니다
그대 가슴 속 고름 자국 알고 느끼는 것이다

무엇을 입었는지
무엇을 먹었는지
아니다
내 그대를 아는 것은
그대 삼킨 눈물 아는 것이다

그대를 알지 못하던 나를 용서하소서

지하철

퇴근길
노곤한 마음으로 잠시
눈 감았다 뜨니
앞에 서 있던 그
보이지 않고
건너편 빈 좌석만 보인다

습관

난 항상 나만을 바라보길 원했지만
넌 항상 너만을 생각했고
난 항상 너만을 바라보았지만
넌 항상 먼 곳만 보고 있었지

풀

우리 모두는 어쩌면
태어나면서부터 감사하려
태어났음이
이유일 것이다

주말농장
– 농촌

하루에도 몇 번의 살생을 하는
나를 용서하시고
하루에도 몇 번씩 방생을 하는
나를 축복하소서

고목
– 칡

내 뿌리 어디인지 알지 못하고
내 뿌리 무엇인지 알려고 하지 마라
깊고 넓은 내 뿌리 알려다 당신이 지치리니
섣불리 내 뿌리 캐려 하지 마라
나도 다치고 당신도 다치고 만다

민둥산

너도. 나도. 갈 곳이. 울 곳이. 숨을. 곳.이 있어야 하는데

일기

옛날 냄새는 정겹기만 하다
재건축 날짜 받아놓은
옛날 아파트 연탄재 냄새
외할머니가 가마솥에 살살
볶아주셨던 짠지의 묵은 냄새
공동 화장실과 지하방 음습한 냄새도
지나고 나니 추억이 되어버린다

잡념

다가오면 잠은 저만치 멀어진다
꼬리를 놓치지 않고
끊임없이 다가오다 못해
중간에 치고 들어오기까지 한다
그러지 말라 했거늘
나를 깨끗하게 두라 했거늘
말을 듣지 않는다

보일러

더 이상 더운 기운을 주지 못하는 보일러를
질책하며 큰돈을 들여 새로운
보일러를 만나기로 했다
떠나보내려 뚜껑을 열어 보니
속이 시꺼멓게 그을려 있었다
스텐레스 겉은 멀쩡하더니
속은 탈대로 다 타
시꺼멓구나
그 주인처럼

텃밭

바구니 하나 품에 끼고 간다 너에게로

한 푼 줍쇼 하는 밭 주인에게
숨겨둔 보물들 하나둘 꺼내준다
철망 사이 오이, 방울토마토 줄기 사이 숨은 가지
호박 덩굴 속에서 커다랗게 몰래 자란 호박
옜다 먹어라 하며 던져준다

유년 시절

옛날이 주고 간
가장 큰 선물이 아닐까
저 떠나고 아무 흔적 없을까
툭 던져 놓은 어린 날들

고단한 기억과 애잔함을 넣어
꽃을 피우고
열매를 맺히게 함은
너와 나의 몫이 아닐까

어떤 향의 향수를 만들지는
오롯이 제 몫이 되지 않을까

저만의 꽃으로
저만의 열매로
저만의 향수로

지옥철

밀지 마세요
내가 알아서
내 인생 승차할 테니

밀지 마세요
내가 알아서
내려야 할 당신에게서 내릴 테니

장화

밭일을 시작하기 전
가장 중요한 단계는
장화 신기이다
장화가 아닌 운동화나
다른 신발을 신으면
가시풀에 쓸리거나
아니면 못된 쐐기에게 쏘여
몇 날 며칠을 힘들어하게 된다
그러나 종아리까지 오는 장화를 신으면 두려움 없어진다
거친 들 풀숲 겁 없이 헤쳐나간다

그렇습니다 아버지
당신은 나의 든든한 긴 장화입니다

어디 계십니까
아직 헤치고 나갈 험한 길 멀고 먼데

새벽 지하철

저 혼자 기다리고
저 혼자 포기하고
저 혼자 실망하니
가련하다

십자가

오늘도 받은 것만 생각하는 행복한 나
오늘도 아쉬움만 되새기는 울그락불그락 나

상처

오늘도 주고 만 너 오늘도 받고 만 나

추석

구름과 달 놀이 한다
구름은 우리 강아지 얼굴 되었다가
거북이도 되었다가 한다
달을 물고 도망가기도 하고
품어주기도 하며
장난을 친다
구름과 달 놀이 하다
긴 가을밤 다 새웠다

파도
— 정

만날 때에 헤어질 생각을 하는 우리
애써 다가오지 마라
애써 밀어내지 마라
멀지도 가깝지도 않은 거리에서
사랑한 듯 사랑하지 않은 듯
상처인 듯 상처이지 않은 듯
그렇게 지내기를
심장 각질 같은
하얀 거품으로라도 남기를

장대비 속에서 기도하여 본다

선배의 기도

내가 가는 이 길이 바른길이기를

드넓은 운동장
눈밭을 걷는
내 걸음
흐트러지지도
비척대지도 않기를

곧게 바르게 걸어
애처로운 뒷모습으로
길 떠나는

나의 동생에게 올바른 길
안내하는 발걸음
될 수 있기를

제5부

민낯

민낯

보이지 말았어야 했습니다 그대는 나에게
치지 말아야 했습니다 그 건반을
삑사리가 났습니다 그대와 나 사이에

휴일

느릿하기만 한 겨울 햇살
방 안 가득 찬 것도 모르고
이불속에서 게으름 피자니
하늘 되신 어머니
딸을 깨우신다
밥은 먹고 다니냐시며
바람결 사이로 얼굴 내미신다
일찌감치 일어난, 부지런한 양순이
기다림이 지겨운지 기지개 켜더니
어서 산책가자며 나를 잡아당긴다

떠난 자로부터의 편지

가지 않은 길은
길이 아니야
이 길도
그 길도
알지 못하는 길은
길이 아니야
설명할 수 없는 길이야

쉬운 하루

중국집 서비스 만두를 먹으며
나는 너무 쉽게 살고 있구나 반성한다
만두피를 빚고 만두소를 넣고 만두를 튀기고
한 김 식혀 랩을 다부지게 싸고
숨구멍을 폭 뚫고

내가 경험하는 쉬움이
이리 많고 기나긴 사연을 가지고 오는 것을

길에서 2천 원에 사 온 국화빵 한 봉지도
수없이 많은 단계를 거치고 온 것을
나는 그 복잡한 속 오늘도 모르고
편하게 입으로 쏘옥 넣어버렸다

함양 백운산

어머니에 이어 아버지 산소 품고
갑자기 성불하겠다고 들어 자리 잡은 김 씨도 품고
암 판정받고 요양한다는 박 여사도 품고
하나님의 사랑을 실천하겠다며 들어온 최 씨도 품어주느라
네 속도 속이 말이 아니겠구나

강원도

크고 높은 철책 아무도 열지 못하지만
꽃은 기다리지 않아도 피고
밀어내지 않아도 진다

달팽이 껍데기

자신이 평생 안고 가야 할 저만의 집 저 같은 고래 가죽
지나치게 푸르러 더 슬픈 동해바다

밤바다
–밤 파도

가까이 가지 않기에 오지 않기에
우리 서로 더 간절하겠지
가는 것인지 오는 것인지 알 수 없어
기다림이 신성해지지
어둠 속 그대는
알 수 없기에 설레인다
알 수 없기에 더 간절해진다

새벽 출항

벼의 발자국 기다랗게 나 있는 논
배는 출항한다

바다는 오늘도 평온하다
폭풍우 눈보라가 쳐도
나의 밤바다는 평온하다
새벽 어둠 속 밤바다는
못다 이룬 꿈을 향하는
디딤돌이다
꽃은 바다고 바다는 꽃이다

학교

새들은, 아이들은
약정서 없어도 평화롭다
아이들은 약속이나 한 듯 운동장을 날고
새들은 약속이나 한 듯 운동장을 뛰어다닌다
한 번의 부딪힘도 없이

아이들과 새들은
서로에게 평화롭기만 하다
가끔 서로 마주 보며 깔깔깔깔 짹짹짹짹
인사하기도 한다
개학이면 방학이면 서로에게
양보할 줄 아는
새들은, 아이들은 평화다

관계에서의 대피

어둠이 다가오면 피해야 한다
먹구름임을 알면 보내야 한다
그래야 세찬
비를 안 맞을 수 있다
하늘 좋다고 억지로 어울리려다 보면
저마저도 먹구름 되어버린다
피해야 한다

정열에게

너는 나이 먹은 나에게도 와주어 고맙다

설악산

올라가려 합니다
저도 한 번쯤은 내려다볼
기회를 갖고 싶어요
이제 하산합니다
다시 또 올려다보며
섬김으로 살아가려 합니다

해탈

어영부영넘어온구비구비가만이천봉
골짜기골짜기깊은샘물흘러지나고보니
봉우리 고운봉우리 높은봉우리 사연도 많구나

일몰

이제 멈추어요
그대와의 시간은 여기까지인 거예요

이제 쉬어도 좋아요
아침부터 뜨거운 태양 아래 덜커덩덜커덩
소음 가득 내뿜던 골재장
나 이제는 쉬고 싶어요 그대도 이제 쉬어요
무당 굿하는 소리 이제 그만 멈추어요

경강선

저 멀리서 작은 빛으로
나를 향해 다가와
어느새 내 모든 것이 되었다
당신은 나를 향해 왔고
나는 당신에게 탑승했다
이제 끌고 가는 건 당신이다

가을 햇살

이 세상 떠날 때 빚은 없기를
그대에게 받은 웃음 빚지지 않기를
그래서 오늘도 웃는다

흔적
— 펫 로스

못 해줌이 미안하고 기다림이 고마워 다시 무너지는 가슴
떠난 다음 날 너의 털이 날릴 때 나의 눈물로 젖어버린다
알고는 있었지만 갑작스레 그리고 아프게 찾아온 너와의 이별
참으로 애통하구나

독거인

하루치 속 다 쓰고 빈껍데기로 귀가하는 지하철
읽고 있는 책 속에서 남자의
달콤한 속삭임이 얻어 들립니다
우리 자기 저녁 먹어야 하는데
치킨이라도 배달시켜줄까?
깜짝 놀라 책 덮고 이어폰 찾습니다

우둔한 하루

쓰디쓴 소주 삼킴을 알고 나서야
이해할 수 없었던 젊은 아버지를
이해하게 되고 무릎 꿇습니다
그 옛날 어머니를 혼란스럽게 하던 아버지
말 못 하는 술잔이 얼마나 아프고 따가웠을까
아버지의 백구가 떠났을 때
아버지의 젖은 넥타이 이제야 이해합니다

제사

떠난 이 그리워 오늘도 눈물짓나요
그대 향한 눈빛 손짓 이제 볼 수 없어
그대 울지만 그 모습 그리움 없어질 때까지
그대에게는 아픈 가시 되겠지
참으려 잊으려 애쓰지 말아요
그리운 만큼 그리워하다 엷어지는
눈물 얼룩인 듯 애써 참지 말아요
참으려다 보면 저 깊숙한 속까지 갔다 오니까요
너와 같은 밤하늘을 보고 너와 같은 햇살을 보고
너와 보던 그 날들이 이제는 추억으로
기억으로 눈물로 남는다

미혼의 고슴도치

이불속에서도 숨어버리고 싶은 저의 작음을 느끼고
가시를 펼친다
저를 보호하려던 가시가 저를 찌른다 어설픈 녀석

노 신부님

늘 편안한 미소 보내주시는
할아버지 신부님은
속 시끄러운
나의 오늘을 어떻게 위로하실까

아이들과 강아지와 나

아이들도 나의 눈을 보고
우리 강아지도 나의 눈을 보고
사랑하는 마음
행복한 마음
감출 수 없게 한다
눈이 마주치고
먼저 웃으면 마음 들킨다

내가 먼저 웃고
아이들이 먼저 웃고
강아지 맨 나중에
앞발로 웃는다

사선

2년이 지나면
3년이 지나면
더 깊어지는 장맛처럼
그렇게 사랑하는 줄 알았는데
일 년도 되지 않아 이리 쉬이 상해 버릴 줄
내 미처 알지 못했네

문학세계대표작가선 900

겨울나무

박양희 제3시집

인쇄 1판 1쇄 2019년 10월 24일
발행 1판 1쇄 2019년 10월 31일

지 은 이 : 박양희
펴 낸 이 : 김천우
펴 낸 곳 : 도서출판 천우
등 록 : 1992. 2. 15. 제1-1307호
주 소 : 서울시 성동구 무학봉28길 6 금용빌딩 2F
전 화 : 02)2298-7661
팩 스 : 02)2298-7665
http://moonhak.wla.or.kr
E-mail : chunwo@hanmail.net

값 10,000원

ISBN 978-89-7954-753-5

이 도서의 국립중앙도서관 출판예정도서목록(CIP)은 서지정보유통지원시스템 홈페이지(http://seoji.nl.go.kr)와 국가자료공동목록시스템(http://www.nl.go.kr/kolisnet)에서 이용하실 수 있습니다. (CIP제어번호: CIP2019040487)